사진촬영_ 정순옥

김상배

아무것도 아닌

애지시선 097

아무것도 아닌

2021년 5월 1일 초판 1쇄 발행

지은이 김상배
펴낸이 윤영진
기획편집 함순례
홍보 한천규
펴낸곳 도서출판 애지
등록 제 2005-000005호
주소 34570 대전광역시 동구 대전천북로 12
전화 042 637 9942
팩스 042 635 9941
전자우편 ejiweb@hanmail.net

ISBN 978-89-92219-98-3 03810

애지시선097

아무것도 아닌

김상배 시집

시인의 말

2012년 가을에 『낮술』을 펴낸 후 9년이 더 지나서 네 번째 시집 『아무것도 아닌』을 묶는다. 『낮술』 이후 시의 형식을 빌려 페이스북에 엽서처럼 올려놓은 생활의 편린片鱗들이 4백 조각 정도가 되는데, 그중에서 68편을 추렸다.

시편을 엮으면서 시간의 목마木馬를 타고 세월의 저편을 달리노라면 추억은 주마등처럼 쓸쓸하였으니, 시집을 발간할 때마다 지나간 시공時空을 굳이 다시 목도目睹하는 외로움은 여여如如한 것이다.

사십여 년 전 시를 처음 만났을 때는 제 이름으로 된 시집 한 권을 가지는 것이 일생의 목표였으나, 이

번으로 벌써 네 번째 시집을 상재上梓하게 되었으니 이제 여한이 없다.

시여, 내 청춘의 동반同伴이여, 볼품없는 이 생애에 너의 더께마저 쌓이지 않았다면, 나의 산책은 낙타가 없는 사막처럼 고단했으리니. 먼지 자욱한 책장에 내 시집 몇 권이 꽂혀있지 않았다면, 나의 생활은 횡단보도 신호등 옆에 피어있던 그 여름날의 애기똥풀처럼 처량했으리니.

2021년 봄날

김상배

■ 차례

제2부 청춘가青春歌

제3부 저녁강

제4부 좋은 날

제1부
아무것도 아닌

담쟁이

저 연약한 봄의 손등 위로

시간의 불길이 지나가면

화상火傷을 입은 남은 몇 잎이

옛 편지처럼 적막하겠지

꽃길

아흔 고개 넘으시는

아버지 등 뒤로

벚꽃 분분紛紛

날리고 있습니다

올해도 아버지보다

꽃잎 먼저 집니다

은혼식銀婚式

그날 압수해 간

내 자유를

오늘은

퇴근길 이팝나무 꽃무더기

하얀 빛깔 위에

걸어둔

당신

아무것도 아닌

저 안개가 걷힐 때까지, 그대들은
그 동안 안개가 이루어놓은
신비의 성문城門 앞에서 서성거리게 되겠지만
쓰레기통을 뒤지고 있는 길고양이 같은,
성문 안은 사실, 아무것도 아닌 것들.
그것들을 막연하게 감싸고도는
아무것도 아닌 것들의 안개여.
아무것도 아닌 것들에 의한
아무것도 아닌 것들을 위한
정말, 아무것도 아닌 것들이여.
저 안개가 걷힐 때까지, 우리는
도요새에 관한 명상*이 아니라
후배 조모상喪 부의금 액수에 관한 명상 같은
아무것도 아닌 것들에 대해 궁리하고 있겠지.
오,
어쩔 뻔 하였느냐,
저 안개가 아니었다면.

정오의 햇살로도 결코 걷어낼 수 없는,
아무것도 아닌 내 심중心中의 성문을
굳게 지키고 있는 이 무형無形의 안개와
안개 속의 아무것도 아닌 것들이여.

* 김원일의 소설

가을

그리 오래 살아온 편은 아니지만
그래도 나이 육십에 가까워지면서
지나온 시간을 돌이켜 보면
부모와 처자妻子를 잘 만나
행복이라는 게 뭔지 알고 살았으니
이만하면 뭐 이제 죽는다고 한들
그리 억울한 일은 아니지 않겠는가,
하는 생각이 들다가도
도시의 아스팔트 길 위에서
갈 곳을 몰라
여기저기로 굴러다니고 있는
저 낙엽들을 바라보고 있노라면
지금까지도 자리를 잡지 못하고
친구들과 우르르 떼 지어 몰려다니는
아들놈이 문득 떠오르게 되는 것인데
내가 만약 지금 사라진다면
저 녀석이 그중 슬퍼할 것만 같아서

아들이 자리를 잡을 때까지는
아직은 좀 더 살아야 되겠구나,
그런 생각을 하게 되는 것이다

인연

여름옷을 정리하여
아파트 의류수거함에
묵은 옷가지를 버리며 생각한다
이 옷은 이제 어디로 건너가
누구의 몸에 입혀질 것인가

라오스? 캄보디아? 미얀마?

어쩌면 베트남 어느 농부에게 건너가
지난날 내전內戰 시절로 치자면
적군敵軍의 나라 사람이 입던 옷을
다리미로 곱게 다려 입은 농부는
자전거 페달을 밟으며
장터로 가거나
당질녀*堂姪女의 혼례식에 참석하여
맨 앞자리에 앉아있게 될 것이다.

* 사촌 형제의 딸

아시나요

텔레비전에 남자 가수가 나와서
아시나요 내가 얼마나
하고 노랠 부르네
벌써 오래전 얘기지만,
삼 만원을 송금하고 가입한
그 가수의 펜클럽 회장에게
순진한 아이들을 속이지 말라고
항의 전화하는 제 어미 곁에서
딸아이는 눈물을 훔쳤다네
그 아이 지금은
좋은 사람 만나 내 곁을 떠났네
그 미남 가수가 텔레비전에 나와서
아시나요 내가 얼마나
바로 그 노래를 부를 때
화면 속 그 남자에게
내가 오히려 묻고 있네
아시나요, 내가 얼마나
그 시절을 그리워하고 있는지

마지막 수업

나는 일종의 위장취업자였다.
반대하는 결혼을 성사시키기 위해
직업을 가져야 했고
당시만 해도 비교적 취업이 수월했던
교직을 선택했다.
삼 년만 하자고 시작한 일이
삼십 년도 더 지났고
되돌아보면 꿈만 같은 일이다.
누구는 자신을 키운 팔 할이 바람이라 했다던가.
삼십 년간 나를 교직에 머물 수 있도록 한 힘의
팔 할은 나의 무능이었다.
나에게는 없었다,
더 좋은 직장으로 옮겨갈 능력도
교직을 그만 둘 용기도.
지금도 나는 틈나는 대로 교무실에서 손톱을 깎는다.
집에서 깎지 않고 꼭 교무실 의자에 앉아서 깎는다.
이제 나는 아파트 거실에 쪼그리고 앉아

손톱을 깎게 될 것이다.
그때마다 이 교무실이,
덧없이 보내버린
그 시간들이 그리울 것이다.

겨울강

창살처럼 솟아오른

강물의 갈비뼈를 보아라

바람의 시간은

물에서도 뼈가 돋도록 하였구나

밤이 깊어갈수록

저 홀로 단단하고 또 단단해져서

마침내 스스로 보석이 되는

저 겨울강의

외로운 마음을 보아라

입영入營

지금 네가 머무는
의정부 306보충대
그곳은, 아들아
삼십오 년 전 애비가
이틀간 머물렀던 곳
그곳에서, 아들아
군복으로 갈아입고
사복을 정리하는 동안
모든 것이 그리울 것이다
열 맞춰 식당으로 걸어갈 때
식판의 낯선 냄새가
외로울 것이다
그리고, 아들아
흙먼지가 날리고
코스모스가 피고
낙엽이 떨어진 자리에는
삼십오 년 전의 그날처럼
다시 눈이 쏟아질 것이다

봉지

군대 간 아들을 면회하고
돌아오는 길에 휴게소에서
차 속을 정리하는데
과자 빈 봉지가 눈에 든다
아들이 먹고 버린
〈오징어 땅콩〉 빈 봉지,
차마 버리지 못해
꼬깃꼬깃 딱지를 접어서
안주머니에 넣고 있는
내 꼴이 마치
빈 봉지 같다

항구

퇴직을 하고 찾아온
여기는 영덕 강구항

창밖엔 가을비 내리는
항구의 아침

낯선 침대에 모로 누운
아내의 왼쪽 어깨

저 여인의 품속에서
삼십 년째 정박하는

나는 한 척의
젖은 목선木船

항구에서는, 가끔
나이 든 여자가 뜨겁다

그 사람

논산행 무궁화호 기차표를 끊고 나서
남은 시간을 때우려 그저 한번 들러본
서울 용산역 백화점 에스컬레이터에서
교차하는 순간에 스치듯 보았으나
나는 그를 굳이 호명呼名하지는 않았다.
왕년의 연탄공장 셋째 아들이었으며
명문학교를 졸업하였고
자동차 부품 공장을 경영하면서
사람들에게 술도 퍽 잘 사던
그와는 공장이 망한 후로 소식이 끊겼는데
정신병원에 입원을 했다는 이야기에서부터
처자식에게 버림받고 떠돌아다닌다는 입질까지
온갖 흉흉한 소문을 몰고 다니다가
그에 대한 관심이 세간에서 사라지고
이제 이름조차 가물가물해졌을 때
논산행 무궁화호 열차를 기다리다가
용산역 대합실 지하철 통로 입구에서

기어이 그이와 마주치게 되었다.
손톱 끝이 까만 손으로 악수를 청하는 그에게
돈을 주어야 하나, 얼마를 주어야 하나,
이 번 달부턴 나도 연금생활을 시작했는데,
망설이는 사이 누구보다도 술값을 잘 내던
그가 지하철로 사라지고 나서야
부끄럽고 미안한 마음이 목젖까지 차올라서
누구보다도 술을 많이 얻어먹은 내가
지하철의 바다 속으로 첨벙하고 뛰어들어
사람들의 파도를 헤치고 또 헤치며
그를 찾아 여기저기 허우적거리고 있을 때
그 사람은 섬처럼 고요히 앉아
차량이 출발하기를 기다리고 있었다.

상경上京

시골 청년 상경한
1978년 겨울, 서울

진눈깨비 흩날리던
창동시장 선술집

선술집 아가씨
절름발이 그 아가씨

문득 생각이 난다,
오늘처럼 눈 내리면

지금은 어디서
무얼 하고 사시는지

퇴직일기

설거지를 한다
명예퇴직을 하기 전에는
특별한 경우에만
설거지를 했는데
명예퇴직을 하고 나서는
특별한 경우를 제외하고
설거지를 한다
명예퇴직 전에는
설거지까지 해야 하나
불만을 품었지만
명예퇴직 후에는
설거지라도 해야지
하는 심정이다
밸이 꼬일 때도 있지만
이 나이에 직장에서 벌어질
이런 일, 또 저런 일,
생각하면 그래도
설거지가 그 중 낫다

하루

무엇으로

채울까

서쪽 하늘

붉은데

봄밤

자정이 훨씬 넘은 시간
잠도 오지 않는 봄밤에
마른 이끼 같은 남자가
책꽂이 앞에 붙어 서서
하필 망자亡者의 시집을 꺼내어
표지에 앉은 오래된 먼지들을
손바닥으로 쓸어내린다
고故 윤중호 시인의 첫 시집
『본동에 내리는 비』
나, 가고 나면 누구 있어
내 시집 만지작거릴 것인가
누구 있어 혹시 이 밤
내 시, 읽고 있을까
쓸데없는 생각조차
다정한 봄밤

탑 1

우두커니 사람들을 보고 있으면
사람이 탑이라는 생각이 든다

오늘은 산꼭대기 탑으로 서 있다가
내일은 바닷가에서 발을 적시는 탑

백팔번뇌 기단基壇 위에 저마다의 생애를
희/로/애/락/ 쌓아올려 남다르게 이룬 탑

언젠가는 반드시 무너져야 하는 탑
무너져서 비로소 부처가 되는 탑

우두커니 탑을 바라보고 있으면
탑이 사람 같다는 생각이 든다

제2부

청춘가青春歌

새

바람 한번 살랑일 제
목련 한 칸 문을 열고

또 한번 살랑일 제
외손녀 낮잠 들면

문득 저 새소리
이제사 귓속에 둥지 튼다

인적 드문 시립공원
빈 나뭇가지 위에서

들어주는 사람 없어도
겨우내 너 울었을 텐데

공주公州

한 삼십 년 전에
일 년 남짓을
공주에서 살았더랬지
언덕 위 오래된 성당이
한눈에 들던 학교에서
누군가를 가르쳤더랬지
그땐 모르는 것이 없었지
부끄러운 줄을 몰랐고
세월이 금강의 물결처럼
흘러가는 것인 줄도 몰랐지
아는 것이 없다는 사실을
알게 될 줄도 몰랐고
부끄러운 줄 모르고 사는 것이
얼마나 부끄러운 일인지
곧 알게 될 줄은 차마 몰랐지
안개꽃처럼 피어오르는
내 청춘의 부끄러움과

부끄럼을 봄비처럼 적시며
시간을 휘돌고 가는 금강,
삼십 년 전에 살았더랬지
공주에서 일 년 남짓

청춘가靑春歌

만화방창萬化方暢 마곡사寺 개울가 식당에서
막걸리에 취한 아내 첫 손녀를 들쳐 업고
서른도 넘은 딸을 깔깔 웃고 툭툭 치며
바로 그날 목련꽃이 활짝 핀 것으로 치면
너 같은 건 거기에다 댈 것이 아니여,
삼십 년 전 학교 후문後門 한 남자를 만나서
꿈만 같은 그 봄날 꽃에 울던 한 여자가
봄바람 휜소리로 불러보는 청춘가

두려움에 관한 명상

〈건강보험관리공단〉에서 발송한
엄숙한 내용의 통지서를 받아들고
가로등이 학鶴처럼 졸고 있는
아파트 텅 빈 공원을 바라보며
오늘 밤 술 한잔 합니다
두려움을 권하는 사회에서
두려움을 판매하는 자본에게
우리는 두려움을 구매하는 사람들
〈건강보험관리공단〉에서 보낸
건강에 관한 숫자를 들여다보며
내일은 어떤 두려움의 숫자가
새로 배달이 될까, 생각합니다
언제쯤에나 나는 별 두려움 없이
저 '스피노자의 사과나무'를
심어 볼 수 있을까, 생각하며
오늘 밤 술 한잔 합니다

이상한 식물원

그 후배가 쓰러졌을 때도
나는 병문안을 가지 않았고
그가 죽은 날에도 나는
야간자습 지도를 하고 있었네
생전에 잡지사에 근무하면서
그는 내 산문을 실어 주고
당시로는 두둑한 원고료를
알뜰하게 챙겨준 적이 있었으나
나는 그에게 술 한번 사지 않았네
이제는 그를 잊을 만큼 시간이 흐른
어느 여름 흐린 오후에 나는 받았네,
작가의 서명이 없는 시집 한 권을
영혼 따위를 믿지 않으므로
나는 죽은 자를 위해서는
기도를 하지 않는다네
다만 미안하고 그리울 뿐
그리고 오늘은 산책을 나섰네

젊어서 죽은 시인이
한 그루 나무로 서 있는
『이상한 식물원』* 속으로

* 이선호 시인의 유고 시집

찬밥

찬밥을 물에 말면서

감사의 기도를 올리는 아내와

오후의 햇살이 주단綢緞으로 깔리는

밥상을 두고 마주 앉으면

밀려오는 어떤 넉넉함

혹은, 든든함

좀 부족해서 외려 가득한

이 완전한 식사

시월

가없는 허공을 배경으로
마지막 공연을 끝낸 뒤
시나브로 무대를 내려와
행인의 발길에 몸을 뉘이는
서슬 푸르던 낙엽들의
붉디붉은 후회를 보라
아직도 아물지 않은
생활의 상처들이여
세월의 책갈피 속에
추억으로 메말라 있을
의미 없는 애증愛憎이여
어느 노파의 불안이여
늙은 시인의 욕망이여
제각각이던 낙엽들의
한결같은 귀로歸路를 보라
시간의 흔적들을 어루만지는
쓸쓸하고도 황홀한
저 석양의 손길을 보라

추야우중*秋夜雨中

소녀의 추억일랑
서랍 속에 잠근 후에

운명의 강물 깊이
열쇠 던져 버리고

가을비 추적추적
저녁 거실에 쪼그려

헌 신문지 한 장 깔고
파 다듬고 있는 아내

* 최치원의 시

야상곡夜想曲

한밤중에 일어나
마른기침을 하다가
문득, 낡은 내 몸을 쳐다본다
취업을 준비 중인
아들 뒤척이는 소리 들리고
두 돌을 며칠 앞둔
외손녀 보채는 소리 들린다
마당을 구르는 마른 잎들은
바람의 노래를 듣고 있을 것이다
등이 어둠에 닿는 시간이면
삶은 왜 가련해지는 것인가
김장을 장만하고
건넌방에서 코를 골던
아내는 내 기침 소리에
잠에서 깼을 것이다
저 육신의 측은한 노래에
귀를 기울이고 있을 것이다

첫사랑

금강 북쪽

명자꽃 피는 집

늙은 서각書刻쟁이가

잔 톱밥을 쓱 훑고 나서는

백 년을 묵었다 한들

이 옹이가 없었다면

오동梧桐의 생애는

좀 밋밋하였으리라, 한다

헤진 바짓가랑이에다가

거친 손을 툭툭 털며

반장

— 유병윤에게

갖가지 술을 박스째로 들고
올해도 반장이 찾아왔습니다
삼십 년 전에 나는 가르친 것이 없었고
따라서 그는 배운 것이 없었습니다
그 사실은 하늘도 알고 땅도 알고
그중에서도 내가 가장 잘 압니다
서해의 파도소리가 밀려오는 교실에서
그는 결석한 친구를 걱정하고 있었고
황혼이 지는 교무실에 앉아서
나는 외상 술값 걱정을 하고 있었습니다
선생으로 그를 만난 게 아니라
그를 만나서 비로소 선생이 되었지요
나는 무엇인가를 가르쳤고
그는 무엇인가를 배웠다지만
무엇을 배웠고 무엇을 가르쳤는지
이젠 나도 모르고 그도 모른답니다
세월이 바람처럼 지나간 자리에
인연만 깃발처럼 펄럭이고 있을 뿐

정중동靜中動
— 윤여진에게

머뭇거리지
말아라

그대는
텅 빈 새벽

여명黎明을 가르며 떠나는
목선木船 한 척

서두르지도
말아라

나는
포구浦口에서

먼 길 배웅하는
하얀 물결

제3부
저녁강

목련

입구에서 졸고 있는

헌책방 주인처럼,

내용은 떠나가고

추억만 남아 있네

이순耳順 1

어떻게,

여기까지 오게 되었을까

들녘의 노을은

지나온 허물을 감싸고

강기슭의 바람은

흰 머리카락을 빗질하나니

낡은 나무의자에 앉아

한나절을 쉬는 나그네처럼

아무것도 아닌 내가

아무것도 아니게 된다면

남은 시간들은

황홀할 터인데

열정

도박처럼 치열하였으나
추악하지는 않았고
질투로 지새웠으나
증오하진 않았네
어디까지가 육신이고
어디부터가 영혼인지
경계는 빙점氷點 같았고
생사는 의미가 없었네
절정에서 모든 언어는
아무런 기교가 없었네
새벽닭이 울기 전에
여명黎明이 도착하기 전에
그대의 황홀한 수치심은
검은 숲처럼 무성하였고
근원을 모르는 불안감은
도둑처럼 초조하였으니
희망이 아니라 절망을,

그림자를 사랑했네
기쁨이 아니라 슬픔을,
뒷모습을 사랑했네

편지
— 경주 삼릉에서

사십여 년이 지나서
나 여기 다시 왔네.
고교시절 소풍을 온 적이 있는
서라벌의 왕들이 묻힌 무덤을.
왕들과 더불어 놀던,
육십여 년의 인생 중에서
가장 위대했던 시공時空의 한 지점을.
그날 그 숲에서 몇몇은
교련복 윗도리를 솔가지에 걸어 두고
손수건을 돌리는 대신에
술이 가득한 수통水桶을 돌리기 시작했지.
휴대용 전축에서 흘러나오는
톰 존스의 〈Keep on running〉에 장단을 맞춰
박수무당처럼 몸을 움직였지.
불안의 숲에서
청춘의 굿판을 벌였지.
허투로 보낸 시간은 결코 없는 법.

흔들릴수록 더 빛나는
강 물결 위의 윤슬처럼
그 찰나, 그 화면은
추억으로 엮은 표지의
비단 무늬가 되었지.
왕들의 안식처,
세월은 어딘가로 흘러가는 것이건만
여기는 시간이 머물러 있네.
천년의 시간을 견딘 무덤들은
여전히 햇볕을 쐬고 있고
병정처럼 무덤을 지키는
소나무 아름드리는 아직도 정정한데,
내 시간의 거울은 텅 비어
숲은 빈집처럼 고요하네.
어디에 있느냐,
가끔은 용감하기도 하였으나
대개는 비겁하였던

서글픈 청춘이여,
내 목소리 듣고 있느냐.
불어오는 솔바람 속에
주름진 표정 하나 걸어 두고,
내 청춘과 왕들의 영혼이
나란히 산책하고 있을
솔숲을 그들에게 맡겨 둔 채,
마침내 소멸하고야 말 순간을
비로소 떠나올 때,
등 뒤에서 나를 부르는
저 푸른 목소리.

봄, 경주

무너진 서라벌 성터
주춧돌 고요한 틈새

지나간 인적을 잊고
고개 든 보리 이삭

무심한 바람 한 줄기
역사의 갈피를 들추면

어디선가 개굴 소리
몰락은 아름답고나

저녁강

저녁에 알게 되었으니

'신'이 '시간'의 준말인 것을

우리가 나온 곳이 시간이라는 것을

시작도 끝도 없는 그곳에서 와서

오감五感 위에 잠시 머물러 있다가

누군가는 돌아오게 된다고도 하고

혹은 다시는 못 올 것이라고도 하며

끝도 시작도 없는 시간 속으로

안개처럼 사라져 버리게 된다는 것을

모두는 어머니의 자궁이 아니라

시간의 구멍으로부터 왔다는 것을

역광逆光으로 흘러가는 저녁 강가에서

시간의 검붉은 그림자가

수의壽衣처럼 내 얼굴을 덮을 때

'시간'이 '신'의 본말인 것을

감았던 눈을 뜨듯 알게 되었으니

아는 사람

벽지로 여행을 떠나기 전
책꽂이 앞에서 망설인다
기형도 시인의 시집
『입 속의 검은 잎』 옆에 꽂힌
오래전 같은 대학에서
문청文靑시절의 인연으로 알게 된
서정학 시인의 시집
『죽산에 이르는 길』을 뽑는다
가끔은 아는 사람이
길이 될 때가 있다
남쪽으로 가는 차창에 기대어
아는 사람의 시집을 뒤적이다가
「감포 기행」이라는 시를 고른다
거기, 아는 여자가 살고 있다
가끔은 아는 사람이
이정표가 될 때가 있다

이순耳順 2

퇴직을 하고는

돈이 없어서

사람을 아니 만나니

입은 오므라들고

귀만 당나귀같이 커져서

곰나루 근처 솔밭 부근

강병철 작가가

류지남 시인하고

소곤소곤 수작하는 소리

거실까지 들려온다

한수

그날은, 지난주 금요일이었습니다.
D중학교 1학년 2반 26번 정한수는
늙은 기간제 교사에게 꾸중을 들은 뒤
뒤돌아서면서 그만 '씨팔놈'이라 하였고
급우들도 모두 그 소리를 듣게 되었습니다.
주일날 성당의 저녁 미사 시간,
한수의 그 말이 늙은 선생의 머릿속에서는
이명耳鳴처럼 웅웅거리는 것이었습니다.
그리하여, 월요일에 출근을 하자마자
곧바로 교실부터 쳐들어가서
학급 친구들을 한자리에 모은 뒤
고개를 숙이고 있는 한수를 억지로
교탁 위로 불러 세운 다음
늙은 선생은 한수와 어깨동무를 하고
휴대폰으로 기념사진을 찍었습니다.
그런데 무슨 이유인지는 모르겠지만
늙은 기간제 선생님의 마음속에서는

우리, 참 잘했다는 생각이 자꾸만
물안개처럼 피어오르는 것이었습니다

순례巡禮

겨울나무에 걸린 방패연의 꼬리처럼 외로울 것이다

사막을 횡단하는 낙타의 발바닥처럼 뜨거울 것이다

막차를 기다리는 이국異國의 여행자처럼 불안할 것이다

처음 만져보는 여자의 속살처럼 황홀하겠지만, 결국

시간의 굴레에 갇힌 왕의 묘비명처럼 허무할 것이다

지상地上의 눈물이 아니라, 하늘의 바람소리가 아니라

강을 건널 때 입 속의 노자路資 몇 푼이 너를 위로할 것이다

이름

대문이 다 타버려도

편액扁額은 굳이 남아서

새로 지은 문이 다시

〈崇禮門〉이 되었구나

지붕도 아니고

기둥도 아니고

저 낡은 현판 하나가

내문의 주인이었구나

남루한 이름 석 자가

내 전부였구나

어중간

키가 좀 큰 것을 제외하면
내 인생은 대개 어중간하였다
부자도 그렇다고 가난하지도 않은
어중간한 집에서 태어났으며
학교 성적이 어중간해서
어중간한 지역의
어중간한 대학을 나와
시골 사립학교 교사라는
어중간한 직업에 종사하다가
어중간한 시기에 퇴직하여
외손녀나 키우면서
어중간한 시간을 보내는 중이니
이제 너무 일찍도 아니고
너무 오래도 아닌
어중간한 나이에 죽어서
명당明堂도 아니고
또 그다지 험하지도 않은

어중간한 자리에 묻혀
새겨진 것도 아니고
잊혀진 것도 아닌 채
지인들의 마음속에
어중간하게 남게 될 것이다
내 인생은 어중간하였으나
그래도 키는 남보다 좀 더 큰 편이었다

미몽迷夢

외국어 공부가 싫어 국문과에 들어갔고
공술을 실컷 마실 수 있다는 소문에
〈화요문학회〉의 문을 빼꼼 열었으며
얼결에 시집까지 세 권이나 냈으므로
만족한 줄을 알고 이만하면*
이 무대에서 그만 내려와야 할 터인데
떠나야 할 시간을 아직 모르고
네 번째 시집을 또 준비하고 있으니
언제쯤 이 미몽迷夢으로부터 벗어나
한낮의 꽃그늘 속을 저 고양이처럼
무심하게 한번 어슬렁거려 볼까나
아, 나는 내게 잘 맞지도 않는
문학이라는 이름의 목피木皮를 두르고
이제는 돌아갈 수 없는 행성行星까지
여기, 너무 멀리 떠나와 버렸구나

* 을지문덕 〈여수장우중문시〉에서

월정사에서

월정사 전나무 숲 산책길 좌우편에서

세월이 힘에 겨워 쓰러진 고목들이

천년을 살겠느냐, 만년을 살겠느냐

와불臥佛로 성불하여 설법을 하시는데

행인들 가운데 듣는 이가 하나 없고

다람쥐 한 마리가 잣 껍질을 까고 있네

영화가 끝나고

— 영화 〈1987〉

잊고 있었네
어느 일요일 오후에
교회 종소리가 떼를 지어 몰려오는
산꼭대기 전셋집의
거실 미닫이를 활짝 열어두고
텃밭에서 갓 뜯은 상추에
흰밥을 소복이 싸서
한입 가득 쑤셔 넣으며
최루탄 냄새 가득한
TV 화면을 쳐다보다가
저런 쳐죽일 놈들,
겨우 그 한마디를 하고
마치 할 일을 다 마친 양
숙취로 늘어진 몸을
거실 소파에 빨래처럼 널어두던
1987년, 그해 여름의 시작을
잊고 있었어,

영화가 시작되기 전에는

별일 없지

혹시 아들이 늦잠에서 깰까 봐
서울 딸네집에서 걸려온 아내의 전화도
입을 가려가면서 조곤조곤 받고,
양칫물 소리가 틈으로 새나갈세라
욕실 문도 살금살금 꼬옥 닫고,
그러다가 정말로 뜬금없이,
어젯밤 늦게 귀가한 아들을
조금만 더 재워 보려는 욕심으로 벌이고 있는
지금 나의 이 우스꽝스러운 행위가
심정지心停止 상태로 침대에 쓰러져 있는 자식을
그대로 내박쳐두는 결과를 불러와
소위 '골든타임'을 놓침으로써
아들과 영영 헤어지게 되는 것은 아닌가,
하는 생각이 소나기처럼 쏟아지므로
얼른 방문을 살짜기 열고 들어가
고개를 숙여 숨결에 귀를 기울이니
아들은 그때까지도 곤히 잠이 들어 있었던 것인데,

마침 아비의 기척에 눈을 뜨고
영문을 몰라서 두리번거리는 아들에게
나지막한 목소리로 한번 물어보는 것이다.

별일 없지?

상강霜降

가을, 북한산 국립공원
정릉 방향 입구의 화장실에는
「서울의 소년 소녀들에게」라는
천상병 시인의 시가 걸려 있다
시인의 이름을 덜어내고 나면
그저 그렇고 그런 작품인데
천/상/병/이라는 이름 석 자가
나무처럼 들어서고 나니
시가 단풍처럼 환해진다
정말이로구나,
삶이 시 같아야 한다는 말은
시가 시인이고
시인이 곧 시라는 그 말은
시답잖은 시인은 무리로 있고
시 같은 시인은 간혹 있지
가을날, 북한산 국립공원
정릉 방향 입구의 화장실에 가면

시보다 더 시 같았던 시인이

상강霜降처럼 쓸쓸하게 걸려 있다.

정릉

초겨울의 정릉골
길가에서 피자박스를 줍던
젊은 남자 장애인이
더 건강하게 살기 위해
북한산을 다녀오는
우리 부부와 마주치자
들킨 것처럼,
계면쩍게 웃는다
누가 더 부끄러워야 하는가
누가 더 미안해야 하는가
연탄 오른 흔적이
골고타 언덕 같은
무심한 저 계단
정릉골의 초겨울

제4부
좋은 날

좋은 날

그런 날이 올까요

아무 날,

아무 데서나 죽어도

더 바람이 없는

그런 날

개밥바라기

별이여,
여기서
거기까지는
몇 년인가

거기서 그대는
반짝, 반짝,
몇 년인가

여기서 나는
아무것도 아닌 채로
몇 년인가

별이여,
멀고 오래된 곳에서
아무것도 아닌 이들에게

아무것도 아니니
아무것도 아니어도
괜찮아, 속삭이는
말씀이여

참회록

찔레꽃 하얀
양지바른 언덕에서
해진 육신肉身이
바람의 노래를 듣는 날
시간 위에 널린
내 메마른 살가죽에
마지막으로
술 한잔 부어다오
사람이 아니고
남자가 아니고
찔레꽃 붉은 열매로
다시 태어날 수 있도록
그중 서러운 소리로
사흘 밤낮
주문呪文을 외어다오

오월
— 손녀에게

꽃들이 지천으로
피어난다 한들

축복이 꽃잎처럼
쌓여있다 한들

너의 귓속말을
들을 수가 없다면,

그곳이 걱정 없는
천국이라 한들

나날이 눈이 부신
오월이라 한들

그것이 내게는
무슨 소용 있겠느냐

사랑도 명예도

전국교직원노동조합 행사가 시작되고
사람들이 주먹을 불끈 쥘 때
나는 강당 옆문을 열고 나와서
작은 소리로 따라 불렀다
사랑도 명예도 이름도 남김없이
주먹 불끈 쥐는 것이 어색해서
오줌이 그리 마렵지 않았는데도
개회식 노래가 끝날 때까지
화장실 소변기 앞에 서서
바지의 지퍼를 내린 채
뽕짝조로 흥얼거렸다
사랑도 명예도 이름도 남김없이
광주 〈오월문학제〉 행사 동영상을
이강산 시인이 페이스북에 올렸다
베개 두 개를 괴고 누워
혹시 친구 신현수 얼굴이 나올까
행사를 준비한 주영국 시인이 나올까

휴대폰 화면을 두리번거리며 따라 불렀다
사랑도 명예도 이름도 남김없이
한평생 나가자던 뜨거운 맹세

이 정도면 됐지

이 정도면 됐지, 싶을 때가 있다

감당할 수 있을 만큼 빚이 있고

잔소리 날로 늘어가는 아내가 있고

안아 달라 조르는 외손녀가 있고

병든 구순九旬의 노부모가 있고

밥벌이는 하는 자식들이 있고

저녁 밥상 위에 두부 반찬이 있고

아직도 탁주를 세 잔은 할 수 있고

남이 모르는 제 시집도 세 권이나 있으니

이 정도면 됐지, 싶을 때가 있다

낙타

한밤중에
옆방에서
아내가 코를 곤다
허리 수술을 한 뒤로는
제 몸 하나 가누기도 힘든
슬픈 육신인데
가지마다 너무 많은 짐이 걸려 있다
아내와 어머니와 며느리와
두 손녀의 할머니
어느 한 가지 인연도
내려놓지 못하고
비틀거리며
또 하루를 걸어왔다
사막을 건너는
허리 휜 낙타가
한밤중에
옆방에 쓰러져서
오늘도 코를 곤다

나는 시인인가

틈날 때마다
나는 글을 쓴다
부탁을 받은 경우에만 산문을 쓰고
대개는 시를 쓴다
그러하니 나는 시인인가

가끔은
하느님은 어떤 분일까
그런 생각을 할 때가 있지만
평소에는
시인이란 무엇인가
그런 고민을 할 때도 있다
그래서 나는 시인인가

시란 무엇인가
수십 년간 생각해 보았지만
아직도 그걸 모르고

태연히 시를 쓴다
그런데도 나는 시인인가

시를 써서
먹고사는 것도 아닌데
그럼에도 불구하고 나는 시인인가

사람들은 나를
시인이라 생각하는데
아내는 나를
시인이라고 생각하는 것 같지 않다

나는 시인인가

독자讀者

딸네집이 있는
서울 성북구 정릉의
저녁 무렵에
막걸리 한 통과
외손녀의 아이스크림을 사 들고
골목길 언덕을 오를 때
연립주택 반지하의 창문에서
퍽 아름다운 소리가
우련 배어나는 순간
아, 음악을 듣고 있는
저 사람이 지금
내 시를 읽고 있다면
얼마나 좋을까,
문득 그런 기이하고도
터무니없는 생각이 들었고
그때 여느 시인의 마음은
끝도 없이 다정해지는 것이었다

둘째

이를 어쩌나
미안해서 어쩌나
둘째가 태어나도
첫째 너만 사랑하리
할아버지 마음속에
너 말고는 아무도 없어
큰소리 뻥뻥 쳤는데
자신만만했는데
처음에는 눈이 가고
다음엔 손이 가더니
이제는 둘째에게
마음마저 가려 하네
이러면 안 되는데
이래서는 안 되는데
첫째에게 미안해서
이를 어쩌나

청춘은 집이 없었다

늦도록 오지 않는 아들을
아내는 밤 지새 기다리네
밤하늘의 별처럼 많은 날들을
아들은 집 밖으로 떠도네
나도 저 아들과 같아서
셀 수도 없는 나날을
눈 쌓인 들판에서 잠들고
안개 자욱한 강둑에서 깨어났지
골목길 가로등 아래에서 눕고
플라타너스 마른잎 위에서 일어났지
마침내 운명이라는 이름이
아랫목 따뜻한 집을 마련해 주던 날
청춘은 내 곁을 떠났지
그리고 다시는 돌아오지 않았지
처음부터,
청춘은 집이 없었지

슬픈 날

오늘은

먼 훗날 어디쯤으로

미리 가서

손차양을 하고

지금 이 순간을

오래전 그림일기처럼

돌아보려네

지나온 시절은

길목마다

모두 그리움이라 하였으니

안개

팔공산 기슭
은해사銀海寺 새벽 마당에서
안개로부터
위로를 받은 적이 있었다.
밤새 뒤척이다가
찾아간 산문山門 앞에서
은빛 바다 같은 안개는
한 절망을 맞이하고 있었다.
세상은 막막하고
안개는 자욱하여
한 치 앞이 보이지 않던 날
자욱한 안개는
막막한 심정을
불경佛經처럼 덮어주고 있었다.
절망이 조금 돌아서는 순간까지
멈추어 서서 기다리고 있던
산사山寺의 안개여,

눈을 가리고
귀를 닫아 주던
시공時空의 손길이여,
삶이 저와 같아서
이 또한 사라질 것이라고,
절망의 어느 찰나에
안개로부터
위로를 받은 적이 있었다.

가을, 은행동에서

되돌아보면
그립고 부끄러운 날
젊은 베르테르의 시절, 그 거리에서
내가 나를 판매하던 모습이
저 멀리 애련하다
그때 그 길 위에서 호객하던 언어들이
지금은 혼자서 마른잎 소리로
아스팔트 위에서 바스락거리고 있다
나의 허세 한 잎과
나의 위선 한 잎과
나의 비겁 한 잎이
나의 전부인 채로
모두 다 떠나고 없는 그 거리에서
아직도 서성거리는 내 야윈 청춘이여,
이제 너를 정말 용서하겠다
시간의 개울에는 징검다리가 없으니
맨발로 첨벙 건너 단숨에 내게 오라

그 기억이 소멸되어
다시는 돌아볼 수 없도록
그 순간이 멸망하여
다시는 돌아갈 수 없도록

횡재

북한산이 내려온 정릉천
천변의 박경리 작가가 거처하던 집
그 집 옆 낙엽 뒹구는 공터에서
노부부가 그것도 맨손으로
리어카에 종이 박스를 쌓고 있을 때
퍽 조심스럽게 다가가서
할 수 있는 만큼 공손하게
반으로 접어서 만원을 드리자
노인은 내 등 뒤에서 멀리
그 말소리가 들리지 않을 때까지
몇 번이고, 건강하시라고
복을 빌어주셨는데
오늘의 운세야말로
제일 적은 복채를 놓고
가장 큰 복을 축원祝願 받은
운수대통한 날이었던 것이다

우리도 한때는
— 손녀에게

너를 만나서
드디어 알게 되었지

누구나 이 세상에
천사로 왔음을

너를 보면서
비로소 깨닫게 되었지

우리도 한때는
천사였음을

꽃

절 마당 오층석탑은
대웅전 뒤안
이끼 낀 바위만 못하고

주지스님의 염불이
추녀 끝에 저
풍경소리만 못하네

저녁 공양 알리는 목탁소리
선방禪房에 들고

동자승의 어떤 그리움
소매까지 스밀 때

정토淨土의 아미타불은
서쪽 하늘을 지나는
붉은 구름만 못하나니

잠시 머물다 가는 이곳에서는
굳이 애를 쓰지 않더라도

온갖 번뇌가
모두 다 꽃이 되고 말 터인데

후회와 걱정은 주머니 속에 든 승차권

정말,
어제는 벌써 떠나갔고
내일은 아직도 오지 않았는가
어제라는 이름의 후회는
심중心中의 숲속에서 떠나지 않고
불사조처럼 노래하고 있으며
내일이라는 이름의 걱정은
사념思念의 마루에 이미 도착해서
독사처럼 똬리를 틀고 있네
어제라는 시간의 강물은
늘 그리하였던 것처럼
오늘로 흘러들어왔다가
내일로 흘러나가겠지만
어제가 지나가도
후회는 떠나가지 않을 것이고
내일이 오기도 전에
걱정은 이미 도착해 있으리라

그러나 어이하리,
우리는 모두
어제와 오늘 그리고 내일이 이어진
인생이라는 열차의 승객이고
후회와 걱정은
승객의 주머니 속에 든
승차권 같은 것이니
그러니 어이하겠는가,
이 열차에서 내리는
그날 그곳까지는
흉중胸中에 품고 가는 수밖에

탑 2

여름날 저녁에
걷기운동을 마친
아내가 욕실에 들면서
등 좀 밀어달라고
다정한 부탁을 한다
어느새 이순耳順을 앞둔
여인의 등을 밀면서
시간의 선線을 본다
아슬아슬하게 견디던
위험한 곡선을 지나와
이제 더 허물어질 데가 없는
완전한 곡선을 본다
허물어져서
비로소 완성된
삶의 탑을 바라본다

입학식

— 손녀에게

네가 자라날수록

나는 늙어가네

괜찮다,

정말 괜찮다

너는 나날이 자라거라

나는 하염없이 늙을 터이니

■ 시인의 수첩

변명

1.

나는 나에게, 그리고 몇 되지도 않는 나의 독자들에게 끊임없이 '나는 시인인가?' 질문하고 있다. 당신은 시인이라고 대답하는 사람이, 아내를 비롯해서 그렇지 않다고 생각하는 몇 사람들에 비해 다수이긴 하지만, 그러나 스스로를 시인이라 여기는 자세나 태도는 좀처럼 내 마음 속에서 둥지를 틀지 못하고 있다. 시를 쓴 지 사십 년이 지났고 시집을 세 권이나 냈으며 심지어 주위의 권유에 따라 등단 절차를 밟은 적도 있으나, 자신을 시인이라 스스로 규정하려 드는 의지는 여전히 나와 그리 가까운 편이 아니다. 그럼에도 불구하고 이율배반적으로 나는 왜 나에게 '시인인가', 반복적으로 질문하고 있는 것일까. 그것은 시인이 아니라는 고백과 시인이고자 하는 욕망이 뒤섞인 방백(傍白) 같은 것일지도 모른다. 그러나, 아마도 나는 종래 나 자신으로부터는 시인이라는 말을 듣지 못하게 될 것이다. 괜찮다. 시는 내 운명이 아니라 나의 사치이므로.

2.

문학이란 무엇인가? 나는 모른다. 시란 무엇인가? 더욱 모른다. 하느님이 누군지도, 천국이 어딘지도 모르고 주일마다 성당에 나가서 기도드리는 신자들처럼, 시가 무엇인지도 모르고 사십 년이 넘는 세월의 강물 위에 나는 무턱대고 시편을 띄워 보냈다. 다만 이런저런 정언(定言)들 가운데 내 마음속에 들어앉은 말씀이 하나 있으니, 소설 『로리타』를 쓴 블라디미르 나보코프의 유언이 그것이다. 문학은 슬픔. 그러고 보면 내 시는 좀 비문학적인 축이다. 내 인생은 세상의 슬픔에서 조금씩 비켜서 있다. 이를테면 1990년 전후의 전국교직원노동조합 결성 시기에는 '해직의 영광'이라는 슬픔이 아니라, '현직의 부끄러움'이라는 실리 쪽에서 있었다. 변명을 하자면, 비록 슬픔 그 자체가 되지는 못했어도, 그러나 그 슬픔을 외면하지는 않았다. 그리하여 충청도의 사립학교 중에 가장 많은 수의 조합원을 거느린 쌘뽈여자고등학교에서 오랫동안 분회장 노릇을 해오며 그 부끄러움을 조금씩 지우고 살았다. 그럼에도 불구하고 아래의 시 「가을」은 한 시대를 치열하게 살아온 사람들에 대한 예의가 결여되어 있다. 어쩌면 자신의 삶에 대한 합리화를 위해 그들의 삶을 폄훼한 것인지도 모른다. 겨우 그 정도였던 나를 옛 동지들이 기꺼이 이해해 주시기를 바랄 뿐이다.

가을

나는 전국교직원노동조합 출신 퇴직 교사다.
그렇게 열심히 조직 활동을 하지는 않았지만
삼십 년 동안 후원금과 회비를 납부했으니
기간으로 치자면 가장 오래된 축에 속한다.
그렇지만 당시 조합원들과는 퇴직 후에
개인적으로 우연히 몇몇을 만난 적이 있을 뿐
나는 그들의 회합에 한 번도 참석한 적이 없다.

그게 조합원들의 잘못은 전혀 아니다.

그렇다고 내게 무슨 잘못이 있었던 것도 아니다.

나는 경상북도 경주 출신의 남성중심주의 보수주의자였다.

그러니 당최 전교조는 내가 찾을 곳이 아니었고,

내가 전교조에 가입해야 할 이유를 찾을 수도 없었다.

그럼에도 불구하고 전교조에 가입하게 된 동기는,

지금 생각해도 조금 뿌듯한 심사心思인데,

그것은 친구의 권유 아닌 권유 때문이었다.

평소에 무색무취하고 사람만 좋아서

이래도 응, 저래도 응 하던 그이였는데

참교육을 한번 해보겠다고 한 것 때문에

그치가 학교에서 쫓겨났다는 소식을 듣고 그만 발끈해서…

그리고 그뿐이었고 내 심중心中에 별다른 변화는 없었다.

나는 논산시에서 가장 큰 아파트에 살았으며

조합원들이 회합을 마치고 2차로 몰려들어도

우리 아파트 거실은 제법 빈틈이 많았다.

아내는 주택대출금을 갚으려고 알뜰살뜰하였고
술자리 후에는 반드시 신발 끈을 오래 매는 것으로
나는 아내의 가계부 적자를 메우는 일에 헌신하였다.
현실적이라는 것이 죄가 되는 것이 아니듯이
전교조 조합원들이 비현실적이라는 이유만으로
비난받을 일은 아니라고 생각을 하고 있었다.
냉장고 속에 있는 것과 없는 것을 합쳐서
안주를 마련하는 아내의 눈치를 살피는 동안
내 불안한 심정과는 아무 상관도 없이
담배 연기 속에서 시국에 대해 열띤 토론이 벌어졌지만
현실과 동떨어진 그들의 소위 '전망'에 대하여
나는 진정으로는 한 번도 동의하지 않았다.
비현실적이라 하더라도,
그러나 희망을 품는 것이 잘못은 아니다.
외려 간절한 소망을 속으로 비웃은 내 잘못이 크다.

지회 사무실은 좀 좁고 늘 지저분하였다.
한번 치워보려고 해도 엄두가 나지 않을 정도였으나
그 누구도 불편한 기색을 보이지 않았고
나만 마뜩치 않은 심정으로,
제 사무실 청소도 못하는 선생들이

무슨 수로 참교육을 할 수 있을까,
회의 중에도 그런 생각을 하고 있었다.
돌이켜보면 조합원들의 잘못이 아니다.
그렇다고 내가 무엇을 잘못한 것도 아니다.
그들은 세상의 쓰레기를 치우고 싶었고
나는 사무실의 쓰레기를 치우고 싶었던 것이다.

명예퇴직을 한지 5년이 지났으며, 지금까지도
전교조는 내 생각, 내 정서와는 거리가 좀 있다.
그래서 긴 시간을 함께 한 조합원들이지만
그 모임에 얼굴을 내밀기는 여전히 어색하고
그래서 앞으로도 참석할 일은 없을 것 같다.
그런데 나의 30년 가까운 교직 생활에서
전교조 조합원이라는 이력이 빠졌다면
내 인생은 어떠했을까, 하는 생각을 해 본다.

그리 타고 싶지 않았던 관광버스에 굳이 실려
억지춘향으로 참석한 전국교직원노동조합 집회의
맨 뒷줄에서 어색한 몸짓으로 서성거린 것이
조합원 활동의 전부였던 내가
그때 전교조의 일원이었던 것을

지금 돌아보면서도 다행이라 여기고 있고,
전교조 조합원으로 활동하면서부터
내가 좀 변했다는 생각을 하고 있는 것인데,
고집불통이던 내가 어떻게 변화할 수 있었는지
그 이유를 아직도 잘 모르지만,
나는 경상북도 경주 출신임에도 불구하고
전교조로 인하여 지역주의자는 면하게 되었으며
나는 견고한 남성중심주의자였으나, 어쨌든
이제는 흐물흐물한 남자가 되었다는 것이다.

가을인가 보다.
전국교직원노동조합 충남지부 논산지회
그때 그들의 모습이 자꾸 떠오른다.

그런데, 누군가, 이런 글도 시(詩)라고 할 수 있느냐, 묻는 이가 분명코 있으리라. 변명을 하자면, 나는 아직도 시의 형식에 대해서 아는 바가 별로 없고, 또 굳이 알고 싶지도 않은 심정이다. 이러한 형식이 시가 될 수 있음을 '용납' 하시기 어려운 독자들은, 불편하거나 지루하지 않으셨다면, '용서'하시라. (시의 형식에 대해 큰 관심이 없다고 해서 지향하거나 희구하는 소위 '시세계'가 내게 아주 없는 바는 아니니, 그것은 바람의 마음과 시간의 손길이 이루어낸, 폐사지(廢寺地) 위의 석등(石燈)처럼 무위(無爲)한 것인데, 너무 거창하여 비웃음을 사게 될까 저어됨.)

3.

가령 하나 있는 딸과 속세의 인연을 끊어낼 수 없는 자는 혁명을 할 수 없는 법이고, 따뜻한 방에 앉아서는 혁명의 시를 쓸 수 없는 일이다. 누군들 혁명의 욕망이 없는 것이 아니라, 누구나 사랑하는 딸과 따뜻한 방을 포기할 수가 없는 것이다. 어여쁜 딸과 함께 따뜻한 방에서 혁명에 관한 시를 쓴다면 그것은 허풍이거나 변명에 불과하다. 그러나 축시(祝詩) 등의 행사시는 그렇지 않을 경우가 더러 있다. 행사시는 시인의 생각보다는, 행사의 목적이나 그 행사에 참여한 사람들의 입장을 더 많이 고려해야 하는 특징을 가지고 있기 때문에. 혼례식의 축시를 쓰면서 결혼을 후회할 때도 많았다는 제 심정을 솔직하게 밝혀 둘 수는 없지 않겠는가. 그럴 경우에는, 허언(虛言)일지라도, 참 아름다운 미래를 밝은 목소리로 크게 노래해야만 하리라. 따라서 축시가 '나'이어야 한다거나 내가 그 시와 같은 삶을 살아야 할 의무 같은 것은 없거나, 혹은 적다. 그런 것처럼, 지역의 대동제 같은 곳에서 축시를 발표할 때에는, 그 시가 반드시 '나'이거나 내가 그 시와 같아야 할 책무로부터 비교적 가벼운 심리 상태이므로, 그런 자리에서나마 시인은 의무감을 벗어버리고 사뭇 고조된 감정으로 마음껏 허세를 부려 보는 것이다. 그렇지만 제가 감당하지도 못할 내용의 행사시를 시집의 본문에 수록하여 몇 쪽씩이나 차지하게 하는 것이 독자들 보기에도 좀 무안한 일이고, 또 스스로에게도 퍽 민망한 노릇인지라, 그리하여 이를 후기(後記) 속에다 슬쩍 남겨 두는 바이다.

■ 축시

채운뜰 저 지평선 위의 저녁놀은 너무 붉어서

— 제1회 논산시민 평화대동 한마당에 부쳐

채운뜰 저 지평선 위의
저녁놀은 너무 붉어서
그 풍경을 바라보는 사람들의 마음까지

더불어 붉게 타는
논산시민 평화대동 한마당
이 연대의 자리는
깨어나서 행동하는 시민이
자신을 시뻘겋게 담금질하는 곳이다.
스스로를 좌파라 공언한다 해서
더 이상 사람을 때려죽이지는 않는
오지 않을 것만 같던 세상이
반세기나 걸려서 터벅터벅
시든 배춧잎처럼 걸어오기는 하였으나
기어코 와야만 하는 세상은
아직도 오지 않았으니,
논산시민 평화대동 한마당
이 공화共和의 자리는
아직도 오지 않았지만
기어이 와야만 하는 세상을 위해
긴 호흡으로 멀리 바라보며, 다시
반세기의 장정長程을 준비하는 현장이다.
논산시민 평화대동 한마당은,
이승만 일파와 그 졸개들이
아직도, 대를 이어, 싸가지 없이

대가리를 빳빳하게 쳐들고 다니는
이 뻔뻔한 세상을 싹 쓸어버리고,
독립군 대장 김원봉의 이름으로
민족의 스승 김구의 이름으로
정의의 시민이 거리를 활보하는
거룩하고 아름다운 역사를
시민의 팔뚝마다 기록하는 자리이다.
반만년 역사의 이 땅에
길은 이미 이어져 있었으나
잠시 그 길을 가로막는 자者들이 있으니
논산시민 평화대동 한마당,
이 전진을 위한 자리는
그들의 쩨쩨하고 옹졸한 심보를
오직 평화의 힘으로 제압하는
저 저녁놀처럼 붉은 광장이다.
마침내 남녘이여,
자주 고름 입에 물고
약산에 진달래가 만발하는
저 영변으로 우우 몰려가자.
기어이 북녘이여,
옥색 치마 휘날리며

반야산에서 미륵이 미소하는
여기 놀뫼로 떼 지어 오시라.
논산시민 평화대동 한마당에서
우리는 모두 통일꾼이다.
서울역에서 평양행 기차표를 사는 문익환이다.
조국은 하나라고 당당하게 선언한 김남주다.
우리 모두는 백기완이고 윤이상이다.
가자, 각다귀들이 길을 가로막아도.
가자, 그날이 언제인지 알 수 없어도.
우선 거북이처럼 느릿느릿
그리고 첫사랑같이 부드럽게
그러나 쇠심줄보다 더 질기게
저기, 평화대동의 길로
이 나라 이 민족을 살리는 길로
하나밖에 없는 길,
통일의 길로.
시작이 반이다.
착수着手가 곧 성공이다.

4

2012년에 나온 세 번째 시집 『낮술』은 기왕에 딸아이의 혼례와 발간 시기를 맞추었다. 청첩장만 달랑 보내는 것이 마치 세금청구서를 보내는 것 같은 느낌이 들었기 때문에. 그로부터 햇수로 십 년이 지났고 올 봄에는 아들이 결혼식을 올린다. 두서너 해 전에 네 번째 시집을 내려다가 서른 근처의 아들이 혹시 몇 년 사이에 장가를 가게 될까 해서 머뭇거렸는데, 서른셋의 나이에 아들이 혼례를 치르게 되었고, 그 시점에 맞추어 시집 발간을 작심하게 된 것이다. 아들의 결혼 소식을 시집 속에 넣어서 전하게 되어 참 다행이다. 예전과는 다르게 세상에서 시의 힘은 차츰 줄어들고 있건만, 시인의 숫자는 점점 더 늘어나서, 이제는 인구에 비해 시인이 너무 많은 시대가 되어버렸다. 그러하니 모든 시인이 세상의 귀추에 주목할 수도 없고, 또 그렇게 해야 할 필요성이나 의무감도 사라져 버렸다. 이제부터라도 시중(市中)에 범람하고 있는 시들이 시인의 처지에 따라서 다양한 형태의 품종으로 개량이 이루어져야 그나마 독자들의 문틈으로 겨우 흘러들 수 있을 터인데, 아들의 혼례를 축하하는 '기념품'의 형식으로 발간하는 네 번째 시집 『아무것도 아닌』은 그 중 하나의 사례가 될 수도 있을 것이다. 왕년에는 어떤 일을 기념하기 위해서 시집을 발간하는 방식에 대해 시의 품위를 훼손시키는 일이라 하여 의식이 있는 시인들은 그런 행위를 기피하는 형편이었으나, 수를 셀 수도 없이 많은 시들이 세상에 쏟아져 나오고 있고, 또 한 집 걸러서 한 명씩 시인이 기거하고 있는 전 국민 시인 시대를 맞이하여 시골의 어느 한 구석에서 아들의 혼례를 알리는 방편으로 네 번째 시집 『아무 것도 아닌』을 기꺼이 발간하는 바이니 변방의 무명시인들께서는 이를 참고하시기 바란다.

나의 오랜 작업들이 한낱 '기념품'에 불과하지는 않을 것이라는 기대가 내심 없는 바는 아니다. 아들의 결혼식에 하객으로 왔다가 더러는 내 시의 글밭에 들어와서 희로애락할 것을 바란다. 설사 그런 일들이 일어나지 않는다고 하더라도 아들 장가드는 날을 알리는 청첩을 이번 시집 속에 실어보낼 작정만은 분명한 것이니, 판돈 중에서 본전을 이미 속주머니에 쟁여 놓은 노름꾼의 심사처럼 뿌듯하고 느긋한 기색을 정작 숨길 수가 없다.

서문(序文) 등에서 누구에게 감사하다는 말을 굳이 밝힘으로써 책의 품위를 작가가 스스로 손상시키는 행위에 대해 '참을 수 없는 존재의 간지러움'을 느껴온 바이다. 그러나 책의 품위나 체면보다, 어떤 식상함 같은 것을 감수하면서까지 해야 할 말이 있다는 것을 이제야 알게 되었다. 좀 더 일찍 알았더라면 더 좋았을 터인데, 그렇지만 지금이나마 알게 된 것을 그나마 다행이라 여긴다. 나를 만나서 제 인생을 낭비한 아내 정순옥에게 뜨거운 통회(痛悔)와 다정한 위로를 보낸다. 그리고 오는 유월에 짝을 이루는 며느리 한주희와 아들 김진환에게 내가, 우리가 미처 누리지 못한 꽃다운 시절을 이 시집에 실어 전한다.

애 지 시 선

002	붉디 붉은 호랑이	장석주 시집
003	붉은 사하라	김수우 시집
004	자전거 도둑	신현정 시집
005	정비공장 장미꽃	엄재국 시집
006	기차를 놓치다	손세실리아 시집
007	바람의 목례	김수열 시집
008	그리운 연어	박이화 시집
009	뜨거운 발	함순례 시집
010	정오의 순례	이기철 시집
011	그 남자의 손	정낙추 시집
012	즐거운 세탁	박영희 시집
013	구룡포로 간다	권선희 시집
014	좋은 날에 우는 사람	조재도 시집
015	여수의 잠	김열 시집
016	축제	김해자 시집
017	뜻밖에	박제영 시집
018	꽃들이 딸꾹	신정민 시집
019	안개부족	박미라 시집
020	아배 생각	안상학 시집
021	검은 꽃밭	윤은경 시집
022	숲에 들다	박두규 시집
023	물가죽 북	문신 시집
024	마늘 촛불	복효근 시집
025	어처구니 사랑	조동례 시집
026	소주 한 잔	차승호 시집
027	기찬 날	표성배 시집
028	물집	정군칠 시집
029	간절한 문장	서영식 시집
030	고장 난 아침	박남희 시집
031	하루만 더	고증식 시집
032	몸꽃	이종암 시집
033	허공에 지은 집	권정우 시집
034	수작	김나영 시집
035	나는 열 개의 눈동자를 가졌다	손병걸 시집
036	별을 의심하다	오인태 시집
037	생강 발가락	권덕하 시집
038	피의 고현학	이민호 시집
039	사람의 무늬	박일만 시집
040	기울어짐에 대하여	문숙 시집
041	노끈	이성목 시집
042	지독한 초록	권자미 시집
043	비데의 꿈은 분수다	정덕재 시집
044	글러브 중독자	마경덕 시집
045	허공의 깊이	한양명 시집
046	둥근 진동	조성국 시집
047	푸른 징조	김길녀 시집
048	지는 싸움	박일환 시집
049	아무나 회사원, 그밖에 여러분	유현아 시집
050	바닷가 부족들	김만수 시집